Glasritzen ist eine für die Freizeit wieder neu entdeckte Technik, mit der man Gläser mit Zeichnungen, Ornamenten und Schriften wirkungsvoll verzieren kann.

Ein hübsch graviertes Glas sieht äußerst dekorativ und wertvoll aus; es findet auch als Geschenk starke Beachtung. Am effektvollsten wirken gravierte Gläser vor einem dunklen Hintergrund, wenn das Licht seitlich einfällt.

Diese handwerkliche Tätigkeit hat viele Vorteile: sie eignet sich für jedes Alter, nur wenige Werkzeuge sind erfoderlich, und geeignetes Glas kann man in jeder gewünschten Form überall kaufen.

Glasritzen ist eine Tätigkeit, die man allein, in der Gruppe oder in der Familie ausüben kann. Ein besonderes Zeichentalent ist keine Voraussetzung. Dem Anfänger stehen genügend Vorlagen zur Verfügung. Aber auch ohne eigenen Entwurf besitzt geritztes Glas eine individuelle Note. Mit fortschreitender Erfahrung jedoch, entstehen immer anspruchsvollere Muster, wächst die Lust, Motive selbst zu entwerfen.

Das Glasritzen erfordert eine sorgfältige Planung und Vorbereitung, doch sind einmal die Umrisse geritzt, kann man die Vollendung kaum erwarten.

Glasritzen läßt sich leicht erlernen. Außerdem führt diese Technik zu einem raschen Erfolgserlebnis.

Es gibt kaum ein schöneres, individuelleres Geschenk als ein geritztes Glas mit Initialen oder den Daten eines persönlichen Gedenktages.

Ein wenig GLAS-Geschichte

Glas wird schon seit etwa 3000 bis 4000 Jahren hergestellt. Die Ägypter zum Beispiel, benutzten eine Tonglasur auf Ton- und Steingefäßen. Zu Beginn unserer Zeitrechnung tauchten in Syrien und Rom erste anmutige Formen aus Glas auf. Die Römer brachten mit der Kolonisierung die Glasmacherkunst ins nördliche Europa. In der Renaissance wurde Venedig, damals Mittelpunkt des Welthandels, Zentrum der Glaskunst. Zur gleichen Zeit kamen nördlich der Alpen Gefäße aus grünlichem Glas in den Handel. Im sechzehnten Jahrhundert begann man, Gläser mit Schmelzfarben zu bemalen und in Venedig durch Ritzen mit dem Diamanten zu verzieren. Diese Graviertechnik war erst durch eine bessere Glasqualität möglich und fand in Tirol, Deutschland, England und den Niederlanden Nachahmung. Obwohl in der Ursprungsstadt Venedig nur wenige geritzte Gläser hergestellt wurden, gewann diese Art der Verzierung in den anderen Ländern wesentlich größere Bedeutung.

Im siebzehnten Jahrhundert kam aus Böhmen das Kristallglas, das sich zum Ritzen besonders gut eignete. Gleichzeitig fing man in Böhmen, Schlesien und Brandenburg an, Glas durch Schneiden, Schleifen und Ritzen zu veredeln. Bis ins achtzehnte Jahrhundert gehörte das Ritzen mit dem Diamanten zu den bevorzugten Dekorationstechniken für Glas. Als Motive wählte man Blumen, Blätter, Ranken, Tiere, Wappen und Inschriften. In Deutschland spielte das Ritzen keine bedeutende Rolle, da die deutschen Meister die Emailmalerei auf Glas bevorzugten. Uns sind deshalb nur wenige Namen aus der deutschen Gravierkunst überliefert: Peter Wolff, ein Kölner, der um 1670 einige Römergläser verzierte und signierte, und August Otto Ernst von dem Busch (1704-1774), ein Geistlicher, der Landschaften, Blumen und Tiere darstellte.

In der Hochburg des Diamantritzens, in den Niederlanden, wurde die Gravur bis zum Ende des neunzehnten Jahrhunderts als beliebteste Technik sorgfältig gepflegt. Dort hatte sich auch eine spezielle Graviertechnik ausgebildet, das Stippen oder Punktieren. Mit der Diamantnadel schlug man mehr oder weniger dichte Punkte in die Glasoberfläche ein, so wie es das jeweilige Motiv erforderte. Der Erfinder dieser Verzierungsart war Frans Greenwood (1680-1761), ein in den Niederlanden ansässiger Engländer, der durch die Goldschmiedekunst dazu angeregt worden war. Das Stippen zählte im achtzehnten Jahrhundert zu den beliebtesten Schmucktechniken. Greenwood schöpfte mit dem Stippen alle Möglichkeiten aus, die Licht und Glas boten.

Da nun das Glasritzen wieder neu entdeckt wurde, hat man heute eine allgemein zugängliche Methode und besonders preisgünstige Diamantinstrumente (Diamantbohrer) entwickelt.

Die Technik des Stippens oder Punktierens erfreute sich besonders in Holland großer Beliebtheit. Man benutzte hierzu ein Instrument mit Diamantspitze, das durch mehr oder weniger energische Schläge mit einem leichten Hammer auf der Glasoberfläche Punktspuren hinterließ. Je nach Motiv wurden die Punkte locker oder dicht nebeneinandergesetzt.

Das Stippen wurde oft mit dem Effekt einer Zeichnung in weißer Kreide auf dunklem Papier verglichen: die gestippten Stellen geben die Schlaglichter und die klar verbliebenen Stellen die Schatten wieder.

Glas als Material

Für den Anfang verwenden Sie einfache Glasformen: alle Arten von Trinkgläsern, Krüge, Vasen, Schalen usw. können Sie durch Ritzen verschönern.

Verwenden Sie glattwandige, keine geriffelten Gläser.

Es gibt weiches und hartes Glas; äußerlich unterscheidet es sich nicht. Auf hartem Glas rutscht man beim Vorritzen leichter ab, es splittert auch eher; weiches Glas nimmt die Zeichnung besser an, ritzt es leichter und ist deshalb hartem Glas vorzuziehen, das zudem die Ritzstifte stärker abnützt.

Zu den weichen Gläsern zählen Kristallgläser, die zwar etwas teurer sind, aber durch ihre Klarheit bestechen.

Besonders gut geeignet zum Ritzen ist Bleikristall (je mehr Bleigehalt, umso weicher), auch handgearbeitete und mundgeblasene Gläser. In guten Geschäften gibt es genug formschöne Gläser aus Weichglas. Man wird Sie dort auch beraten können.

Zu dünne Gläser sind für den Anfang nicht zu empfehlen, da sie sehr empfindlich sind, und bei starkem Druck leicht springen.

Eingefärbtes Glas läßt sich ebenfalls ritzen, doch die Gravur kommt weniger zur Geltung als bei farblosem Glas. Rubiniertes Glas ist Glas mit einem farbigen Überzug, der durch das Ritzen entfernt wird. Dadurch entstehen wundervolle optische Effekte, die viele begeistern.

Acrylglas ist für Diamantstifte ungeeignet; es läßt sich mit harten Metallstiften (Pfeil- und Flammenstiften) ritzen und mit einem Grundiergummi flächig bearbeiten.

Viele dieser formschönen Gläser können Sie durch Ritzen in wertvolle Geschenke verwandeln.

Arbeitsplatz und Beleuchtung

Ein besonderer Hobbyraum ist nicht nötig. Glasritzen kann man überall und an jedem gewöhnlichen Tisch, vorausgesetzt, die Lichtverhältnisse sind gut.
Am besten arbeitet es sich bei Tageslicht. Man setzt sich so, daß das Licht auf dem Glas nicht reflektiert, zudem darf die arbeitende Hand keinen Schatten auf das Motiv werfen.
Schwenkbare Arbeitslampen erlauben es, das Licht von der gewünschten Seite her einfallen zu lassen, auch kann man ihre Stellung ständig ändern. Es gibt auch beleuchtbare Lupen zum Stellen und Umhängen, die sehr hilfreich sind, wenn die Augen durch längeres und intensives Sehen überanstrengt werden.
Auf einer weichen Unterlage läßt es sich am besten ritzen: das Glas rutscht nicht ab. Größere Glassplitterchen sind sofort zu entfernen, um Kratzer zu verhindern.
Wer auf den Knien arbeitet, legt sich ein Tuch auf den Schoß, das den Glasstaub auffängt.

Richtige Arbeitshaltung ist wichtig!

Mit der einen Hand halten Sie das Glas fest, mit der anderen ritzen Sie. Sehen Sie von oben auf das Glas, nicht von der Seite. Halten Sie den Diamanten beim Ritzen nicht zu senkrecht, eher etwas flach. Senkrecht wird nur mit dem Titanstift vorgeritzt.
Beim Vorritzen empfiehlt es sich, beide Arme aufzustützen. Die gravierende Hand führt das Instrument sicherer, wenn der Arm abgestützt wird.
Wenn sich bei angestrengter Arbeit Nacken und Armmuskeln verkrampfen, schütteln Sie die Hände aus und machen einige Entspannungsübungen. Eine kurze Nackenmassage bringt ebenfalls Abhilfe.

Nach einem Bericht des römischen Historikers Plinius aus dem ersten Jahrhundert erfahren wir, wie Glas von einer Gruppe rastender Kaufleute entdeckt wurde. Sie kochten am Strand bei der Mündung des Belus ein Mahl. Weil sie keine Steine finden konnten, stützten sie ihre Kochtöpfe mit Brocken des karbonsauren Natrons aus ihrer Ladung. Durch das Feuer schmolzen die Brocken und vermischten sich mit Sand. Darauf konnten sie „durchsichtige Ströme einer seltsamen Flüssigkeit" sehen: das Glas war entdeckt.
Man kann sich heute jedoch kaum vorstellen, daß durch ein offenes Feuer die notwendigen Temperaturen erzielt werden, um Sand zu schmelzen. Immerhin eine nette Legende, an der sicher nur wahr ist, daß es möglich ist, aus diesen Rohstoffen Glas zu erzeugen. Auch heute wird Glas im wesentlichen aus Kieselerde (Sand, Feuerstein oder verwittertem Quarz), Alkali (natürlichem Natriumkarbonat oder Pflanzenasche) und einem Stabilisator, wie Kalkstein, hergestellt.

Werkzeug und Arbeitsmaterial

Für den Anfang genügen:

1 Halter,
3 Ritzstifte (Diamant, eventuell Titan- oder Wolframstahl) fein, mittel, grob,
1 Karborund (Schleifkörper).

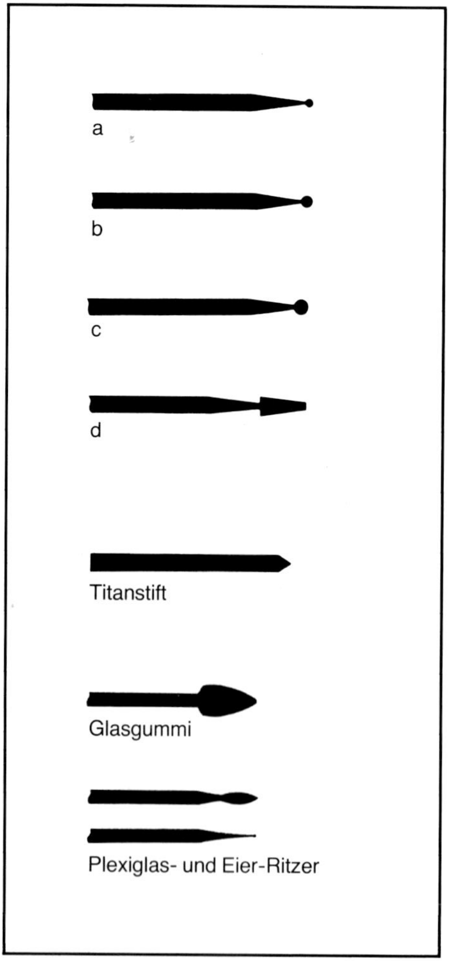

So werden die verschiedenen Ritzstifte eingesetzt:

a) Der kleine feine Diamant ist zum Vorritzen und für alle feinen Ausarbeitungen bestimmt.

b) Mit dem mittleren Diamanten werden die meisten Arbeiten ausgeführt: Grundieren, Spicken, Reißen, Stippen.

c) Den groben Diamanten brauchen Sie für größere Flächen. Er wird am Anfang wenig benützt.

d) Der Karborund (Schleifkörper) wird nach dem Grundieren zum Nacharbeiten wie eine Feile benutzt, damit eine gleichmäßige weiße Fläche entsteht (ergibt maximales Weiß z. B. bei Monogrammen und größeren Flächen).

Der Titan- oder Wolframstahl-Stift wird auch zum Vorritzen, für feine Linien und zum Stippen verwendet. Doch ist er für den Anfänger weniger zu empfehlen, da man schneller auf dem Glas abrutscht.

Grundiergummi, Flammen- und Pfeil-Stifte sind für Acrylglas und Eier geeignet.

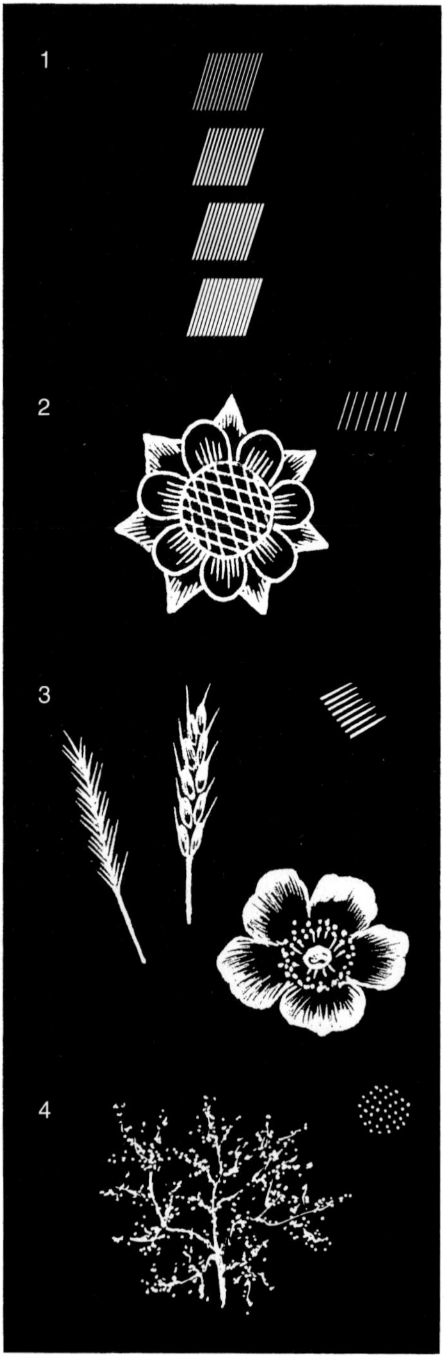

Glasritz-Techniken

Das Ritzen mit dem Diamanten (oder der Wolframstahlspitze) beruht auf zwei Grundelementen: der Linie und dem Punkt.
Die Linie kann in Länge und Stärke variiert werden. Dadurch entstehen Licht und Schatten. Typisch für die Ausführung mit Linien sind Motive aus der Natur, Wappen und geometrische Muster.
Verschiedene Punktstärken ergeben sich durch mehr oder weniger starkes Klopfen auf das Glas.

1. Grundieren
Mit leichtem Druck wird mit dem mittleren Diamanten die Fläche mit eng nebeneinander gesetzten Linien ausgefüllt. Diese Grundierung wird nochmals überritzt, jedoch mit etwas mehr Druck. Das wird so lange wiederholt, bis die gewünschte Wirkung erreicht ist. Je dichter die Linien, umso heller wird die Fläche. Auf diese Weise werden größere Flächen bearbeitet, auch solche, die als Grundierung dienen.

2. Reißen
Die Fläche wird lediglich mit gleichmäßigen Linien ausgefüllt.

3. Spicken
Der Diamant wird mit leichtem Druck angesetzt und seitwärts weggezogen. Diese Technik eignet sich zum Schraffieren von Gräsern, Pelzen usw., auch zum Verwischen allzu harter Übergänge.

4. Stippen
Die Technik, mit Punkten ein Motiv zu gravieren, heißt Punktieren oder Stippen. Man braucht dazu eine feine oder mittlere Diamantspitze, mit der man durch senkrechtes Klopfen auf das Glas Punkte erzielt. Auch mit dem Titanstift kann gestippt werden. Mit dem Stippen können bei Bäumen,

Sträuchern, Blütenstaub usw. gute Wirkungen erzielt werden. Punkte mit starkem Druck dicht nebeneinander gesetzt, ergeben eine weiße Fläche. Je schwächer der Druck und je größer die Punktabstände, umso weniger hell wird die Fläche. Durch verschiedene Punktstärken und Abstände kann man also die Helligkeit einer Fläche nach Wunsch abstufen.

Mit dem Stippen läßt sich auch der sehr wirkungsvolle „Frosteffekt" erzielen. Dabei wird der Hintergrund eines fertig geritzten Glases, oder das gesamte Glas, mit Punkten versehen.

Die Kombination von Linien und Punkten eröffnet viele Möglichkeiten, doch sollte man schon vor Beginn der Arbeit entscheiden, welche Technik für eine bestimmte Fläche angewendet werden soll. Konturen für ein Motiv lassen sich sowohl durch Linien als auch durch dicht nebeneinander gesetzte Punkte ritzen.

Eine meisterhafte Glasritzarbeit vom Simon Whistler

Zum Ritzen sollte man sich solche ausgesucht formschöne Kristallgläser beschaffen.

Gläser mit den persönlichen Initialen sind ein besonders individuelles Geschenk. Hier eine Vorlage von ornamentalen Fraktur-Initialen.

Blumenmotive auf Gläser sind unerschöpflich. Hier habe ich Aperitifgläser für meine engsten Freunde geritzt, jedem seine Lieblingsblume darauf. Jeder hat nun sein eigenes Glas und eine Verwechslung der Gläser gibts nicht mehr. Einen weiteren Vorteil bieten sie auch noch: sie eignen sich ausgezeichnet als Most- und Saftgläser zusammen mit dem Krug auf Seite 16.

Das Veredeln des Glases durch leichtes Ritzen mit dem Diamanten wurde in der zweiten Hälfte des 16. Jahrhunderts bis ins 18. Jahrhundert in Venedig gepflegt, aber auch in Tirol, in den Niederlanden, in Deutschland und in England, fand diese Technik viele Nachahmer. Als Hochburg des Diamantritzens galten die Niederlande bis Ende des 19. Jahrhunderts.

Vorbereitung für das Ritzen

Für die ersten Versuche wählen Sie ein einfaches Motiv aus der Vorlagenmappe*. Sie schneiden es aus und befestigen es auf der Innenseite des Glases mit transparenten Klebestreifen, nachdem Sie durch Hin- und Herschieben ausprobiert haben, in welcher Höhe es am wirkungsvollsten zur Geltung kommt.
Nach einiger Zeit werden Sie selbst Motive entwerfen. Sie zeichnen am besten mit einem weißen Stift auf schwarzes Papier, damit Sie die Licht- und Schattenwirkung besser beurteilen können, auch vermerken Sie darauf die Techniken, die für die einzelnen Flächen in Frage kommen.
Ihre Vorlage wird wieder mit Klebeband im Glas befestigt. Da Gläser manchmal Spannungen haben, soll der Abstand vom Rand etwa 8 bis 10 mm betragen. Wird in dieser Spannungszone geritzt, besteht die Gefahr, daß der Rand abspringt.
Ist das Motiv richtig plaziert und mit Klebestreifen befestigt, wird das Glas mit Wolle oder einem weichen Tuch ausgestopft, damit die Vorlage dicht ans Glas gepreßt wird. Liegt sie zu locker im Glas, entstehen durch wechselnde Abstände Verzerrungen, die beim Ritzen irritieren und zu Ungenauigkeiten führen.
Nach diesen Vorarbeiten wird das Glas gründlich gereinigt; es muß vor dem Ritzen vollkommen frei von Fettflecken und Staub sein.
Nun können Sie mit dem Ritzen beginnen. Dazu nehmen Sie den feinen Diamanten in den Halter.
Sie ritzen damit die durch das Glas gut sichtbaren Konturen des Motivs vor, und zwar nur mit leichtem Druck.
Dabei achten Sie, daß keine Linie ausgelassen wird. Linien sollen in einem Zug geritzt werden.
Nur keine Eile beim Vorritzen; es lohnt sich, bedächtig vorzugehen. Seien Sie sich von Anfang an bewußt, daß die daneben geratenen Striche nicht mehr entfernt werden können.
Sind die Umrisse vorgeritzt, können Sie das eingeklebte Motiv entfernen. Damit nun das bereits Geritzte gut sichtbar wird, stopft man das Glas mit schwarzem Stoff aus.
Nun beginnt das eigentliche Ausarbeiten. Sie ritzen nach der Vorlage und in der gewünschten Technik. Dabei wird Technik Nr. 1, also Grundieren, am meisten angewendet.
Beim Ritzen entsteht feiner Glasstaub, den Sie mit einem Papiertaschentuch oder einem weichen Lappen entfernen. Harte Gläser splittern gern. Eine Schutzbrille ist in jedem Fall zu empfehlen.

Gerade Linien ritzen – ein Problem für sich

Bei senkrecht oder waagrecht zu ritzenden Linien, befestigen Sie mit Hilfe eines transparenten Klebebandes einen Papierstreifen, dessen Rand genau auf der zu ritzenden Linien, liegt. Etwaige Falten beseitigen Sie durch Einschnitte. Nun kann der glatt und gerade anliegende Papierrand als Führungslinie beim Ritzen dienen.

*Vorlagenmappe Glasritzen Best.-Nr. 709

Krüge kann man nicht nur zu Gläsern im Long-Drink-Set verwenden. Als Zierstück aufgestellt wirken sie sehr originell. Sehr dekorativ sind die zarten Wiesenblumen und Gräser. Der Spitzwegerich wurde gestippt, alles andere grundiert.

Eine Arbeit, die schon großes Können erfordert, ist diese Vase mit Vogel. Sie wird von vielen bewundert. Ein Geschenk, das bei Vogelfreunden besonders willkommen ist. Mit Korkverschluß versehen, ein originelles Gefäß, das ohne Inhalt am besten wirkt.

Eine Schritt-für-Schritt-Bildfolge hilft Ihnen bei Ihren ersten Versuchen

Sie kennen jetzt die verschiedenen Ritztechniken und wissen, welche Vorbereitungen zu treffen sind. Nichts steht mehr im Wege, Ihre Kenntnisse in die Praxis umzusetzen. Die vielen bunten Fotos zeigen Ihnen Schritt für Schritt, wie Sie Ihr erstes Glas mit Erfolg ritzen.

Bevor Sie beginnen, legen Sie das nötige Werkzeug und Material in Griffnähe bereit: Diamanten, Karborund, Halter, Schere, transparentes Klebeband, schwarzen Stoff, weiche Unterlage, das Motiv – und natürlich das zu ritzende Glas.

Machen Sie zuerst auf einem Dia-Glas ein paar Übungen.

Als erstes Übungsstück wählen Sie ein zylindrisches Glas, auf das Sie ein Monogramm ritzen, oder ein anderes einfaches Motiv wie diese Rosette.

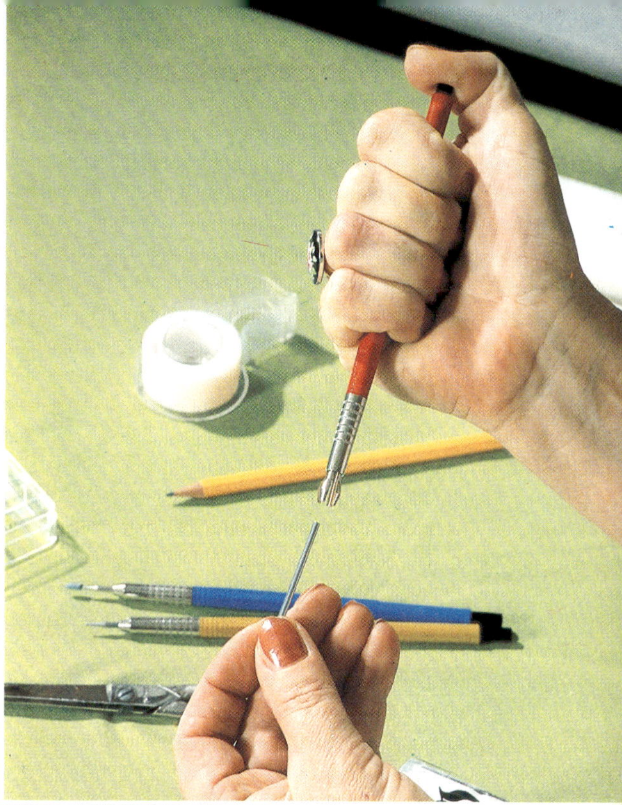

Bild 1
Das gewünschte Monogramm, das Ihnen in der Größe zum Glas harmonisch erscheint, schneiden Sie so nahe wie möglich den Konturen nach aus.

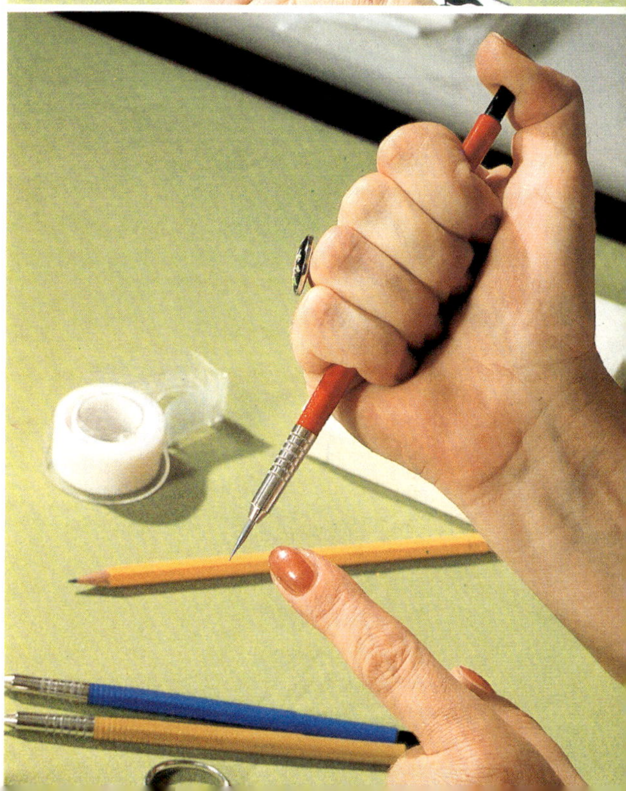

Bild 2 und 3 ►
Stecken Sie den feinsten Diamanten so in den Halter, daß er noch ca. 1½ bis 2 cm herausragt.

Bild 4
Passen Sie das ausgeschnittene Motiv auf der Innenseite des Glases so an, daß vom Glasrand ein Abstand von 1 bis 2 cm bleibt.

Bild 5
Befestigen Sie das Vorlagenmotiv mit 2 bis 3 Klebestreifen oben am Glas.

Bild 6
Stopfen Sie das Glas mit Wolle oder einem weichem Tuch aus, damit die Vorlage dicht ans Glas gepreßt wird.

Bild 7
Überzeugen Sie sich, daß das Motiv gut und gerade im Glas sitzt und keine Blasen bildet, bevor Sie mit Ritzen beginnen.

Bild 8
Stützen Sie beim Vorritzen unbedingt beide Arme gut auf, und schauen Sie immer von oben, nicht von der Seite auf das Glas. Zeichnen Sie mit dem feinen Diamanten mit wenig Druck die Konturen nach. Zeichnen Sie feine Zierstriche nicht mit doppeltem Strich vor! Längere Linien sollten möglichst in einem Zug geritzt werden. Achten Sie darauf, keine Linien auszulassen. Das Vorritzen ist das A und O. Nehmen Sie sich Zeit, konzentrieren Sie sich und lassen Sie sich nicht stören. Übersehen Sie nicht, was Sie schon vorgeritzt haben. Denken Sie daran, bereits Geritztes läßt sich nicht mehr entfernen.

Bild 9
Nicht nur auf dem Tisch, wie auf Bild 8 gezeigt, läßt es sich arbeiten, sondern auch auf den Knien. Probieren Sie selbst aus, wie Sie am besten ritzen können. Wenn Sie auf den Knien arbeiten, legen Sie sich ein Tuch auf den Schoß, um den Glasstaub aufzufangen, oder ein Kissen, damit Sie die richtige Höhe haben.

Bild 10
Sind Sie unsicher, ob auch alle Konturen nachgezeichnet sind, testen Sie mit dem Fingernagel. Haben Sie die Umrisse vollständig nachgezeichnet, entfernen Sie das eingeklebte Motiv. Für die weitere Gravierarbeit behalten Sie die Vorlage in Sichtweite.

Bild 11
Als Kontrast, damit die geritzten Linien gut sichtbar werden, füllen Sie das Glas mit schwarzem Stoff ober Papier. Sollten Sie beim Vorritzen doch einige Striche vergessen haben, zeichnen Sie diese mit weißem Fettstift, speziell für Glas, oder weißem Wachsstift nach.

Bild 12
Jetzt beginnen Sie das Ausritzen nach der Vorlage. Mit dem mittleren Diamanten grundieren Sie alle großen Flächen (siehe Technik 1, Seite 10). Sie ritzen in derselben Richtung wie der Buchstabe läuft, so lange, bis die oberste Glasschicht entfernt ist.

Bild 13
Mit dem Karborund bearbeiten Sie die vorgrundierten Flächen solange nach, bis eine gleichmäßig weiße Fläche entsteht (maximales Weiß).
Sie können auch zuerst den ganzen Buchstaben grundieren und anschließend alles mit dem Karborund schleifen.

Bild 14
Verwenden Sie zum Wegwischen des feinen Glasstaubs ein Papiertaschentuch oder ein Stück weichen Stoff.

Bild 15 und 16
Die Zierstriche und alle feinen Verzierungen führen Sie nur mit dem feinen oder mittleren Diamanten aus.

Bild 17
Ziehen Sie zum Schluß nochmals alle Konturen mit dem feinen Diamanten nach, säubern sie und machen noch nötige Korrekturen.

Noch ein Tip:
Sollten Sie doch einmal daneben geraten sein, können Sie mit eigener Phantasie noch eine Verzierung anbringen.

Nun haben Sie schon ein kleines Kunstwerk vollbracht. Freuen Sie sich, auch wenn es nicht so gelungen ist, wie Sie es sich wünschten. Jedes weitere Stück wird besser werden.
Gehen Sie Stufe für Stufe weiter, gravieren Sie als nächstes ein einfaches Blumenmotiv.

Diese zylindrischen Vasen mit Rosen- und Kerbelmotiv sind eine Arbeit, die Übung und Können erfordern.
Eine ebenso anspruchsvolle Arbeit ist das Glas mit dem Engel, der wie beim Monogramm vorgrundiert und mit dem Karborund geschliffen wurde.

Originell ist das hohe Glas mit Korkverschluß. Ein Geschenk, das viel Bewunderung findet, wenn Sie das Glas mit Spaghetti füllen.

Diese beiden Gläser wurden mit Technik 1 „Grundieren“ gearbeitet.

Zu den Lieblingssujets gehören immer wieder Vögel. Diese Arbeit verzaubert Gegenstand und Beschauer.

Bild 18
Wie schon erwähnt, sollten Sie am Anfang zylindrische Glasformen wählen. Das Ritzen auf einem bauchigen Glas wird etwas schwieriger. Schneiden Sie in diesem Fall das Motiv knapp an den Konturen aus. Sonst passiert es, daß beim Einkleben zu viele Falten entstehen und das Motiv nicht mehr vollständig sichtbar ist.

Bild 19
Kleben Sie das ausgeschnittene Motiv mit Klebestreifen innen am Glas fest, und vergessen Sie nicht, den Abstand von 1 bis 2 cm vom Glasrand einzuhalten.

Bild 20
Stopfen Sie das Glas mit Wolle oder einem weichen Tuch aus; das Motivpapier muß in den Bauch des Glases ohne Blasen und Falten gepreßt werden. Liegt das Motiv nicht dicht an der Glasrundung, wird man beim Vorritzen irritiert.
Sollte die Vorlage Falten werfen, das Motiv aber durch das Glas gut sichtbar sein, macht das nichts.

Bild 21
Zeichnen Sie zuerst mit dem feinen Diamanten die Konturen nach. Fangen Sie mit der Blume an. Tönen Sie die Staubblüten innen nur leicht mit feinen Pünktchen an; sie werden nach Entfernen der Vorlage ausgearbeitet.

Bild 22
Nun ritzen Sie die Blumenblätter und alles andere. Bei den Blättern zeichnen Sie die Konturen und die mittlere Rippe nach. Die Nebenrippen werden erst nach Entfernen der Vorlagen und nach dem Ausarbeiten der Blätter mit Technik 3 = „Spicken" gemacht. Ritzen Sie alle feinen Linien erst nach dem Wegnehmen der Motivvorlage aus dem Glas, wenn Sie die vorgeritzten Konturen ausfüllen.
Die Vorlage zeigt Ihnen, welche Teile der Blume mit welcher Technik graviert werden.
Beim Ausritzen beachten Sie die Licht- und Schattenwirkung. Sie füllen nun nicht mehr alles weiß aus wie beim Monogramm. Um den Motiven ein schöneres und lebendigeres Aussehen zu geben, müssen wir jetzt mit Licht und Schatten arbeiten, z. B. bei Blumen, Blättern, Trauben, Tieren, kurz, einfach alles was Licht und Schatten braucht. Beim Glasritzen erhalten wir ja weiße Striche, also ritzen wir die Lichter. Die Schatten nur wenig oder gar nicht (im Gegensatz zur Malerei). Die Schattierungen nicht zu kräftig ritzen und weich verlaufen lassen, damit wir einen weichen Übergang bekommen. Siehe Zeichnung auf Seite 10.

Ritzen Sie nach Vorlage, die Hagrose und Blätter mit Technik 1 = „Grundieren" (Seite 8). Die Blattrippen wie alle feinen Striche werden (wie schon bei Bild 22 erwähnt) mit Technik 4 = „Spikken" gemacht.

Motive selbst entwerfen

Man kann direkt auf Glas zeichnen (Wachsstifte), eine Vorlage auf das Glas übertragen (Schneiderpauspapier, Transparentpapier rückseitig mit Wachsstift bestreichen) oder das gezeichnete Motiv unter das Glas legen.
Am besten, Sie zeichnen Ihre eigenen Entwürfe mit weißer Kreide oder weißer Tinte auf schwarzes Papier, denn eine weiße Zeichnung auf dunklem Untergrund kommt der späteren Wirkung des geritzten Glases am nächsten.
Eine gute Möglichkeit, zu einem Entwurf mit weißen Linien zu kommen, bietet der schwarze Schabekarton. Mit einem spitzen Gegenstand wird die schwarze Oberfläche angeritzt und die darunter liegende weiße Schicht freigelegt.
Probieren Sie aus, wo Licht und Schatten sitzen müssen, wo Punkte oder Linien besser wirken. Die fertige Vorlage soll alle Details in Originalgröße wiedergeben. Achten Sie darauf, daß Ihr Motiv zur Glasgröße paßt: ein zu kleines Bild wirkt verloren, ein zu großes unharmonisch. Wenn Sie ein architektonisches Motiv auf einer zylindrischen Glasform gestalten wollen, nehmen Sie Karopapier zu Hilfe oder zeichnen sich ein helles Gitternetz auf Ihr schwarzes Vorlagenpapier. Es fällt dann leichter, Häuser, Mauern usw. senkrecht zu plazieren.

Ritzen Sie in die von Ihnen verzierten Gläser Ihre Initialen, vielleicht auch Entstehungsjahr und -monat ein. So wissen Freunde, von wem sie diese wunderschönen Glasgeschenke erhalten haben, und Sie können jederzeit feststellen, wann Sie das Glas geritzt haben. Auf der Unterseite des Glasfußes ist ihr „Künstlerzeichen" am unauffälligsten.

Vorlagen auf der Glasoberfläche befestigen

Diese Methode ist notwendig, wenn Gläser oben eine zu enge oder überhaupt keine Öffnung haben, das Glas zu dick ist oder wenn es sich um Vollglas handelt.
Ein Stück Schneiderpauspapier wird in etwa derselben Größe wie das gewünschte Motiv zugeschnitten, und auf dem Glas mit Klebeband befestigt.
Mit einem harten Bleistift oder Kugelschreiber zeichnen Sie das Motiv nach. Auf dem Glas bleibt ein gut sichtbarer Abdruck zurück, den Sie nach dem Entfernen der Vorlage mit dem feinen Diamanten vorritzen. Zum Schluß wischen Sie die Übertragungsreste weg.
Das gleiche Ergebnis erzielen Sie, wenn Sie Ihr Motiv auf ein Pauspapier übertragen, dessen Rückseite mit einem weißen Wachsstift bestrichen wurde. Legen Sie die weiß bewachste Seite auf das Glas und fahren mit einem Stift die Konturen nach – wie eben beschrieben.

Die Fotos auf den beiden folgenden Seiten zeigen das Anbringen von Motiven auf der Glasoberfläche (Aufpausen).
Wenden Sie diese Methode an, wenn es nicht möglich ist, eine Vorlage innen im Glas zu befestigen, zum Beispiel, wenn die Öffnung zu eng ist, oder wenn Sie Glaskugeln verzieren wollen.

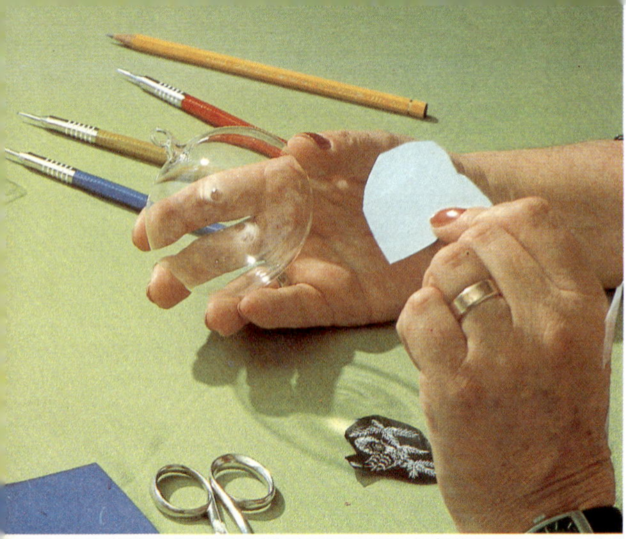

Bild 23
Schneiden Sie ein Stück Ölpapier oder Schneiderpauspapier (wie zum Bauernmalen) in der gleichen Größe wie das Motiv aus.

Bild 24
Das Pauspapier legen Sie mit der weißen Seite auf die Kugel oder das Glas. Es gibt auch gelbes oder grünes Pauspapier, die abfärbende Seite gehört aufs Glas.

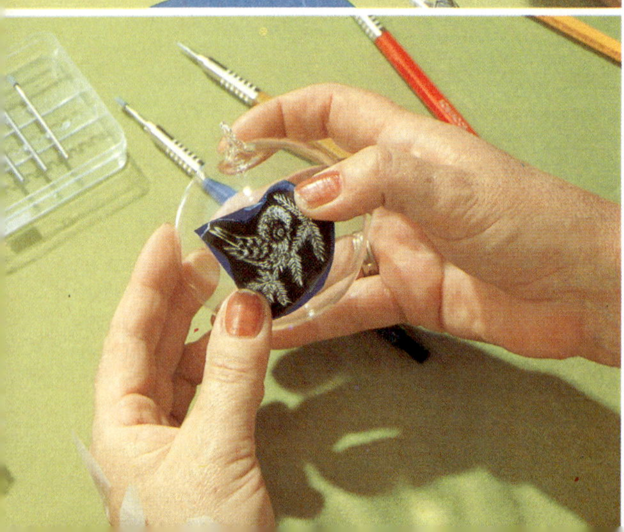

Bild 25
Legen Sie die gewünschte Motivvorlage darauf. Noch ein Tip: damit Sie die Klebestreifen zum Vorlagenankleben griffbereit haben, schneiden Sie sie vorher zu und kleben sie auf den Handrücken.

Bild 26
Pauspapier und Vorlage kleben Sie auf das Glas.

Bild 27
Nun zeichnen Sie die Konturen mit einem harten Bleistift oder einem Kugelschreiber nach. Beim Tannenzweig nur die Mittellinie, wie Abb. unten rechts zeigt. Tannennadeln werden mit Technik 3 „Spicken“ gemacht.

Bild 28
Haben Sie alle Konturen nachgezeichnet, nehmen Sie Vorlage und Ölpapier weg. Es bleibt ein guter Abdruck der Linien zurück, die Sie mit dem feinen Diamanten nachzeichnen. Geben Sie acht, daß Sie die Ölpapierlinien nicht mit den Fingern verwischen. Zwischendurch reinigen Sie den Diamanten mit einem Tuch vom Ölpapier. Ritzen Sie alles nach. Entfernen Sie nach dem Vorritzen die Ölpapierabdrücke mit einem Tuch oder Papiertaschentuch.

Wenn Sie plötzlich eine Einladung bekommen, dann überraschen Sie Ihre Freunde einmal mit einem handgeritzten Glas. Sie haben den Vorteil, wenn es eilt, daß Sie in 3–4 Stunden ein kleines Motiv fertig bringen, und doch ein wertvolles Geschenk haben (z.B. Krug und Gläser mit einem optisch sehr wirkungsvollen Traubenmotiv).

Hier sehen Sie eine rubinierte Glasplatte. Es handelt sich um ein Kristallglas mit einem roten Glasüberzug. Wenn wir für eine Ritzarbeit solches Glas verwenden, können damit ganz spezielle Effekte erzielt werden. Denn beim Ritzen durchbrechen wir die aufgeschmolzene Farbe, ritzen sie also wieder weg, so daß der Kontrast von Linie und Fläche verstärkt wird. Noch ein Tip: Achten Sie darauf, daß bei allen flachen Gegenständen, wie Platten, Aschenbecher, usw., immer auf der Unterseite geritzt wird.

Nun geben ja auch schon unsere Kleinen Geburtstagsparties. So richtig strahlende Kinderaugen können Sie sehen, wenn nicht nur etwas im Glas, sondern auch auf dem Glas ist. Ein lustiges Tierchen oder eine Märchenfigur.

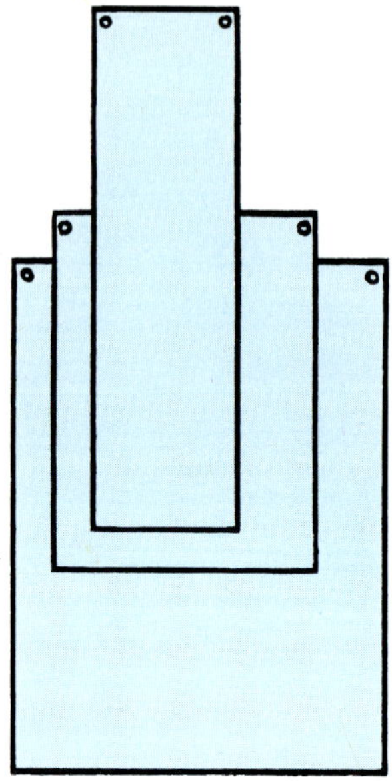

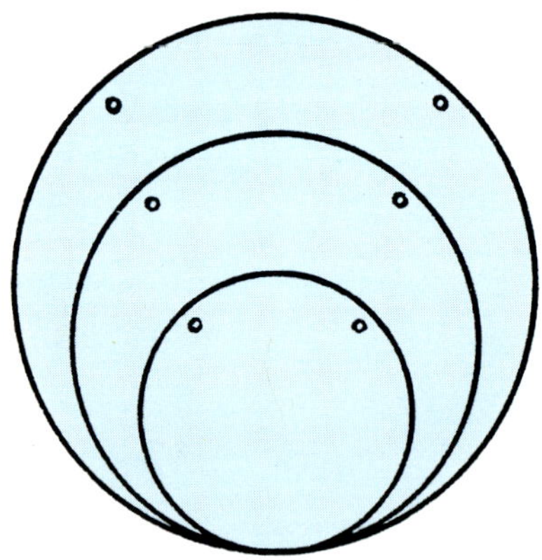

Gravierte Glasscheiben sind eine Zierde für jede Wand. Sie können sie in verschiedenen Größen und Formen zugeschnitten kaufen. Als Kontrast bringen Sie auf der Rückseite ein schwarzes Papier an. Ihnen begegnen sicher die verschiedenartigsten Glasgebilde, die sich durch Ritzen verzieren lassen. Bei Bildern geritzte Seite nach innen legen.

Bei dieser Früchteschale wurde auf der Unterseite geritzt. Denken Sie aber immer daran, daß das Motiv dann seitenverkehrt wird. Sehr effektvoll wirken auf solchen Schalen auch Blumenmotive oder Ornamente.

Öl- und Essigkrüglein gehören auf den Tisch wie Salz und Pfeffer. An ein zartes Blütendekor, auch nach eigener Phantasie, kann sich auch ein Anfänger wagen. Wer weiß, vielleicht schon eine Idee für Ihr nächstes Geschenk.

ISBN 3-7724-0397-2 · Best.-Nr. 702

 12. Auflage 1983

frech-verlag

GmbH + Co. Druck KG Stuttgart
Druck: Frech Stuttgart

Die Abbildung der Seite 11 aus dem Buch „The Images on the Glass“ von Simon Whistler wurde mit freundlicher Genehmigung des Verlages John Murray zur Verfügung gestellt.